K. Sujatha
K. Senthil Kumar
T. Muthuraja

Aplicações de RNA em tecnologia de energia renovável

K. Sujatha
K. Senthil Kumar
T. Muthuraja

Aplicações de RNA em tecnologia de energia renovável

Uma Inovação na Prática de Aprendizagem

ScienciaScripts

Imprint

Any brand names and product names mentioned in this book are subject to trademark, brand or patent protection and are trademarks or registered trademarks of their respective holders. The use of brand names, product names, common names, trade names, product descriptions etc. even without a particular marking in this work is in no way to be construed to mean that such names may be regarded as unrestricted in respect of trademark and brand protection legislation and could thus be used by anyone.

Cover image: www.ingimage.com

This book is a translation from the original published under ISBN 978-620-2-19736-6.

Publisher:
Sciencia Scripts
is a trademark of
Dodo Books Indian Ocean Ltd. and OmniScriptum S.R.L publishing group

120 High Road, East Finchley, London, N2 9ED, United Kingdom
Str. Armeneasca 28/1, office 1, Chisinau MD-2012, Republic of Moldova, Europe
Printed at: see last page
ISBN: 978-620-8-04417-6

ÍNDICE DE CONTEÚDOS

RECONHECIMENTO

Em primeiro lugar, gostaríamos de agradecer ao nosso querido Fundador-Chanceler **Thiru. A. C. Shanmugam** e ao nosso Presidente **Thiru (Er). A.C.S. Arun Kumar** pelo seu encorajamento e apoio que nos deram durante o período de publicação do livro.

Neste momento, também estendemos os nossos sinceros agradecimentos ao nosso Vice-Chanceler, **Thiru. Dr. K. Meer Mustafa Hussain,** ao Pró-Vice-Chanceler **Dr. S. Ravichandran** e ao Reitor **Dr. M. Ravichandran** pelo seu apoio consistente. Agradecemos ao nosso secretário, **Dr. C.B. Palanivelu**, por ter apoiado o nosso trabalho e por ter depositado em nós a confiança necessária para concluir esta proposta a tempo. Aproveitamos esta oportunidade para agradecer a todos os nossos **secretários conjuntos, decanos** e **chefes** de vários departamentos por nos terem apoiado. Gostaríamos também de agradecer a todo o nosso pessoal docente, não docente e aos estudantes pelo apoio e encorajamento constantes que nos deram.

Gostaríamos de agradecer à nossa família e aos nossos amigos pela motivação constante que nos deram. Por último, mas não menos importante, gostaríamos de agradecer a "Deus Todo-Poderoso" por nos ter dado uma força mental aguçada e boa saúde para completar esta viagem.

Todos os autores

1. Título do livro: Aplicações de RNA em Tecnologia de Energias Renováveis - Uma Inovação na Prática de Aprendizagem

2. Nome(s) do(s) autor(es) e designação(ões):

- Dr. K. Sujatha, Professor, Departamento de EEE, Instituto de Educação e Investigação Dr. MGR.

- Dr. K. Senthil Kumar, Professor, Departamento de ECE, Instituto de Educação e Investigação Dr. MGR.

- T. Muthuraja, IV ano EEE, Instituto de Ensino e Investigação Dr. MGR.

3. Endereço: Instituto de Educação e Investigação Dr. MGR, EVR Periyar High Road, Maduravoyal, Chennai.

4. Número(s) de telefone: 9444101291, 9884277055

5. Endereço de correio eletrónico: drksujatha23@gmail.com, ksenthilkumar@drmgrdu.ac.in, muthuthirumani 123@gmail.com

6. Palavras-chave: Energia renovável, redes neurais artificiais, controlador neuro-fuzzy

Prefácio

As energias renováveis e a inteligência artificial são um domínio fascinante, suscetível de gerar uma experiência fantástica e estimulante. Este domínio proporcionaria uma ampla exposição aos engenheiros electrotécnicos, sem os quais este mundo não poderia sobreviver. Por outro lado, a tecnologia das energias renováveis desempenha um papel vital na redução do efeito dos gases com efeito de estufa. Por conseguinte, qualquer forma de contribuição para a tecnologia das energias renováveis é um serviço à humanidade. Se tiver a inspiração de conceber novos sistemas de energias renováveis que possam ajudar toda a comunidade humana na Terra no dia a dia, incluindo sistemas utilizados em telemóveis ou supercomputadores, então é necessário estudar as aplicações das RNA na tecnologia das energias renováveis.

1. Introdução ao sistema de formação solar fotovoltaico ligado à rede

O Solar PV Training & Investigatory System é um protótipo de uma central solar fotovoltaica de pequena escala que permite aos estudantes e professores compreender a conceção profunda dos sistemas fotovoltaicos **autónomos**. O equipamento também permite explorar vários conceitos como MPPT, controlo do inversor e outros tipos de algoritmos de IA. O sistema contém unidades separadas que devem ser integradas com cada componente para várias configurações de investigação. A ideia do esquema permite experiências internas e externas. As decisões suplementares incluem a alteração do ângulo de inclinação do módulo **para** ver o efeito da inclinação. O painel de treino fotovoltaico apresentado na Figura 1 é composto por dispositivos de proteção, analisadores de potência, bancos de condensadores, autotransformador e módulos de telhado. Este kit de formação foi adquirido à ECOSENSE.

Figura 1. Sistema de formação solar fotovoltaico da ECOSYSTEM

2. Identificação de caraterísticas utilizando RNA para um módulo fotovoltaico autónomo

Objetivo: Identificar as caraterísticas de potência Vs tensão do módulo fotovoltaico com radiação variável ao nível da temperatura ambiente utilizando RNA e compará-las com a configuração existente.

Aparelhos necessários:

Módulo fotovoltaico

Resistência variável

Amperímetro

Voltímetro

Lâmpada

Cabos de ligação

MATLAB

Teoria:

O módulo fotovoltaico funciona segundo o princípio do efeito fotovoltaico. A intensidade da luz que incide no fotodíodo é diretamente proporcional à tensão produzida. As caraterísticas do módulo FV dependem das caraterísticas potência Vs tensão e corrente Vs tensão para um determinado valor de insolação e temperatura.

Precaução:-

1. A leitura de um conjunto deve ser efectuada no prazo de 1 a 2 minutos, caso contrário a temperatura dos módulos pode variar, uma vez que a fonte de radiação utilizada é a lâmpada de halogéneo.

2. A posição da lâmpada de halogéneo não deve ser alterada durante um jogo, caso contrário a radiação dos módulos será alterada.

3. A ligação deve estar intacta e correta.

Diagrama de circuito:

O diagrama de circuito de uma célula fotovoltaica é apresentado na figura 2. Para estudar as caraterísticas do sistema de treino FV Ecosense, ligar este sistema em série com um amperímetro e em paralelo com um voltímetro. A carga no painel FV é uma carga resistiva que é um potenciómetro.

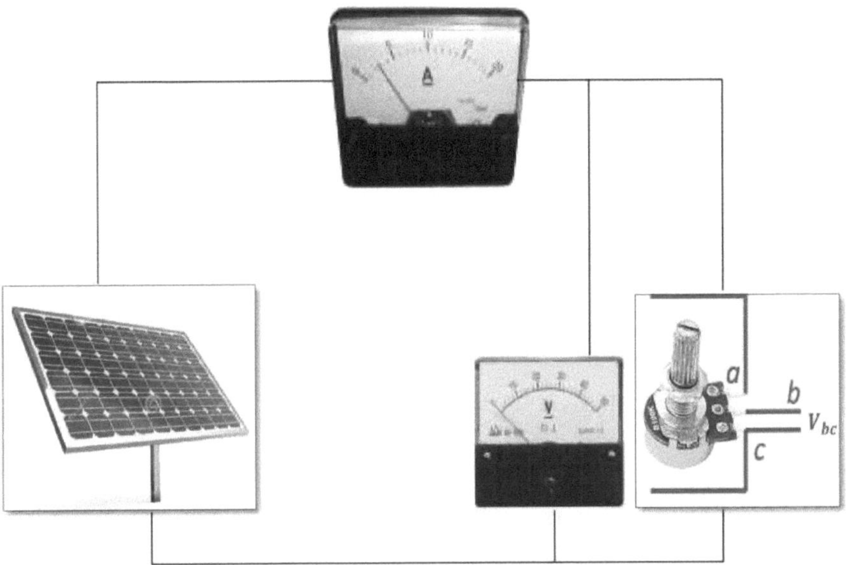

Figura 2. Diagrama de circuito para as caraterísticas do módulo fotovoltaico autónomo

Ligação da placa de controlo aos módulos FV:

A partir da Figura 3, as ligações do painel são feitas para ligar o painel solar com um amperímetro (corrente do módulo) em série e um voltímetro (tensão do módulo) em paralelo através de um POT que actua como uma carga resistiva.

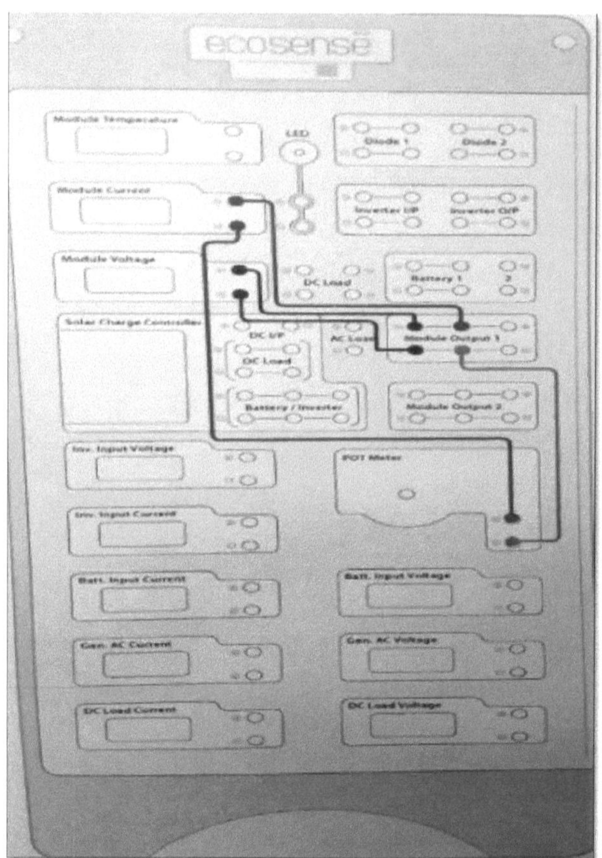

Figura 3. Esquema de ligação do painel de controlo

Procedimento:

Método atual:

- A ligação do circuito é dada de acordo com o diagrama do circuito

- O sistema FV é composto por módulos FV, amperímetro, voltímetro, termopar, dispositivo de medição do ângulo de inclinação e resistência variável.

- O POT actua como uma carga resistiva variável

- Efetuar o primeiro conjunto de leituras de temperatura, radiação, corrente e tensão do módulo FV à temperatura ambiente

8

- Repita o mesmo processo com outro valor de temperatura e radiação e registe os valores de radiação, corrente e tensão.

- Desenhar manualmente a curva caraterística PV.

Caraterísticas PV e VI do painel fotovoltaico autónomo - Determinação através de RNA:

O diagrama de blocos para utilizar a RNA na identificação das caraterísticas do painel fotovoltaico autónomo é apresentado na Figura 4

- Utilizar os dados registados para treinar a RNA de avanço

- O algoritmo de retropropagação resiliente é utilizado para treinar a RNA.

- Selecionar uma arquitetura de rede adequada

- O desafio consiste em fixar o número de nós na camada oculta

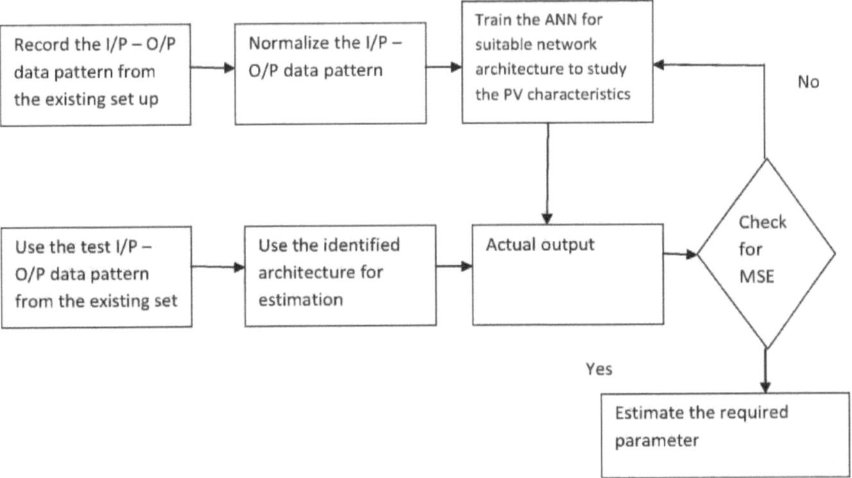

Figura 4. Fluxograma para treinar a RNA

Resultados das caraterísticas do painel fotovoltaico da instalação existente:

Os resultados do sistema solar fotovoltaico Ecosense estão registados na Tabela 2 e os gráficos correspondentes estão representados na Figura 5 (a) e (b), respetivamente.

Tabela 1. Caraterísticas P-V do painel solar fotovoltaico Ecosense

Radiação	Temperatura (deg Celcius)	Tensão (V)	Corrente (A)	Potência (W)
185	32.4	1.11	0.05	0.055
185	32.4	6.1	0.05	0.305
185	32.4	8.3	0.05	0.405
185	32.4	9.9	0.05	0.396
185	32.4	10.1	0.05	0.404

Tabela 2. 1-V Caraterísticas do painel solar fotovoltaico Ecosense

Radiação	Temperatura (deg Celcius)	Tensão (V)	Corrente (A)	Potência (W)
112	32.4	1.1	0.12	0.111
112	32.4	2.3	0.05	0.115
112	32.4	3	0.04	0.118
112	32.4	4.5	0.03	0.144
112	32.4	5.5	0.02	0.111

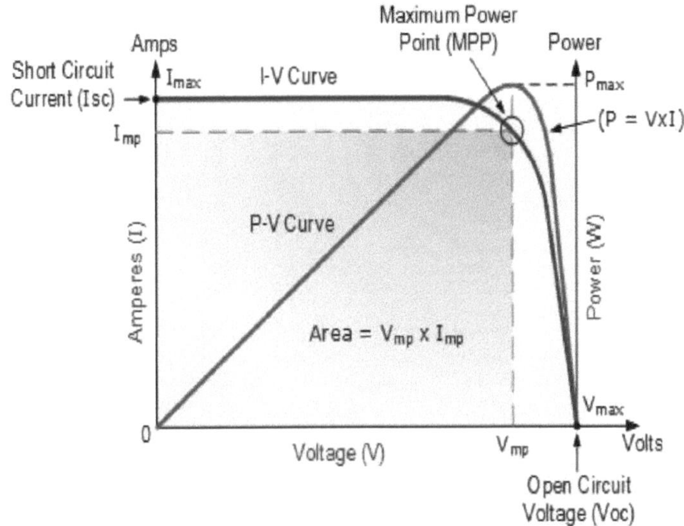

Figura 5(a). Caraterísticas V-I do sistema de treino solar fotovoltaico

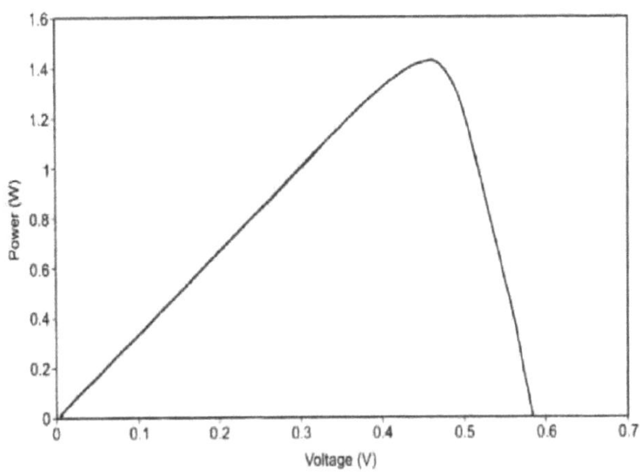

Figura 5(b). Caraterística P-V do módulo FV

Resultado da utilização da RNA para identificar as caraterísticas do painel solar fotovoltaico

Os resultados do sistema solar fotovoltaico Ecosense utilizando RNA são discutidos aqui. As figuras 6, 7, 8 e 9 mostram as caraterísticas dos painéis fotovoltaicos ligados

11

em série. Os parâmetros de treino estão listados nas Tabelas 3 e 4, respetivamente.

```
>> p = [1 1 1 1 1;1 1 1 1 1;0.109 0.603 0.821 0.981 1;1 1 1 1 1];
t = [0.055 0.305 0.405 0.396 0.404];
net=newff(minmax(p),[3,1],{'tansig','purelin'},'trainrp');
net.trainParam.show = 10;
net.trainParam.epochs = 300;
net.trainParam.goal = 1e-3;
[net,tr]=train(net,p,t);

** Warning in INIT
** Network "input(1).range" has a row with equal min and max values.
** Constant inputs do not provide useful information.

TRAINRP-calcgrad, Epoch 0/300, MSE 2.30335/0.001, Gradient 5.1492/1e-006
TRAINRP-calcgrad, Epoch 10/300, MSE 0.00781525/0.001, Gradient 0.05456/1e-006
TRAINRP-calcgrad, Epoch 17/300, MSE 0.000784193/0.001, Gradient 0.0497831/1e-006
TRAINRP, Performance goal met.

>> a = sim(net,p)

a =

    0.0172    0.2778    0.4461    0.3967    0.3960
```

Figura 6. Código MATLAB para treinar a RNA para identificar as caraterísticas V-I do módulo FV

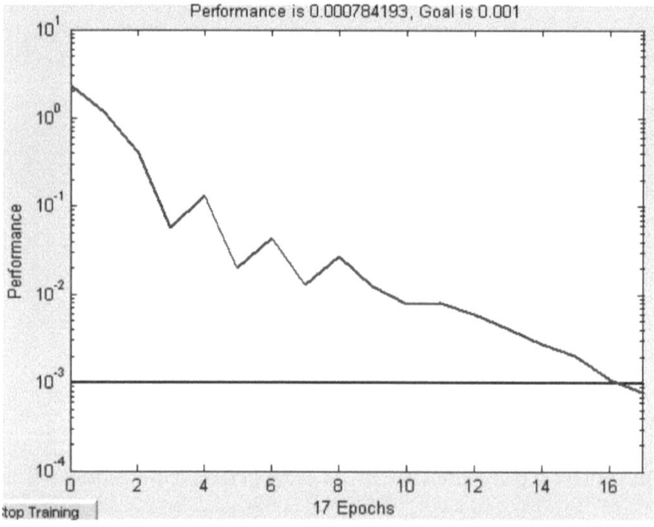

Figura. 7 RNA treinada para identificar as caraterísticas V-I do módulo FV

```
>> p = [0.12 0.05 0.04 0.03 0.02;1 1 1 1 1;1 1 1 1 1;0.2 0.42 0.55 0.82 1];
t = [0.111 0.115 0.118 0.144 0.111];
net=newff(minmax(p),[3,1],{'tansig','purelin'},'trainrp');
net.trainParam.show = 10;
net.trainParam.epochs = 300;
net.trainParam.goal = 1e-3;
[net,tr]=train(net,p,t);

** Warning in INIT
** Network "input{1}.range" has a row with equal min and max values.
** Constant inputs do not provide useful information.

TRAINRP-calcgrad, Epoch 0/300, MSE 1.14655/0.001, Gradient 3.66751/1e-006
TRAINRP-calcgrad, Epoch 9/300, MSE 0.000367538/0.001, Gradient 0.0128396/1e-006
TRAINRP, Performance goal met.

>> a = sim(net,p)

a =

    0.1250    0.1124    0.1123    0.1242    0.1458
```

Figura 8. Código MATLAB para treinar a RNA para identificar as caraterísticas P-V do módulo FV

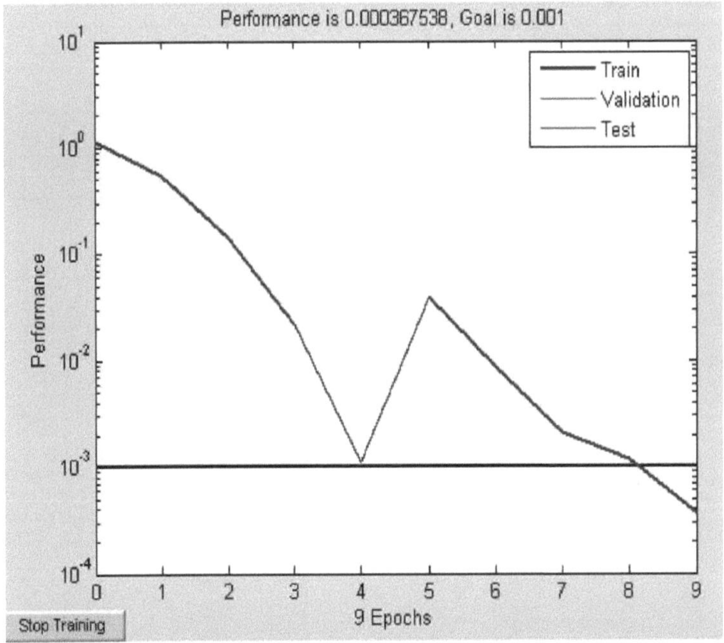

Figura. 9 RNA treinada para identificar as caraterísticas P-V do módulo FV

13

Tabela 3. Seleção da arquitetura de rede para a identificação das caraterísticas V-I

S.N.	Parâmetros de formação	Valor adequado do parâmetro de formação
1.	N.º de nós na camada de entrada	4
2.	N.º de nós na camada de saída	1
3.	N.º de nós na camada oculta	2
4,	Função de ativação	Função sigmoide
5.	Valor MSE	0.0007
6.	N.º de iterações	17

Tabela 4. Seleção da arquitetura de rede para a identificação das caraterísticas P-V

S.N.	Parâmetros de formação	Valor adequado do parâmetro de formação
1.	N.º de nós na camada de entrada	4
2.	N.º de nós na camada de saída	1
3.	N.º de nós na camada oculta	2
4,	Função de ativação	Função sigmoide
5.	Valor MSE	0.0003
6.	N.º de iterações	9

Inferência:

Assim, as caraterísticas do módulo fotovoltaico, variando o nível de radiação e de temperatura, foram verificadas e representadas num gráfico a partir do método existente e do método proposto (RNA).

3. Identificação de caraterísticas de módulos fotovoltaicos ligados em série utilizando RNA

Objetivo

Demonstrar as caraterísticas I-V e P-V de módulos PV ligados em série com radiação variável do nível de temperatura.

Aparelhos necessários:-

1. Módulos P-V

2. Resistências variáveis (carga)

3. Amperímetro

4. Voltímetro

5. Lâmpada

6. Ligação de fios

7. MATLAB

Precaução:-

1. A leitura de um conjunto deve ser efectuada no prazo de 1 a 2 minutos, caso contrário a temperatura dos módulos pode variar em função da radiação da fonte utilizada, como a lâmpada de halogéneo.

2. A posição da lâmpada de halogéneo não deve ser alterada durante um jogo, caso contrário a radiação dos módulos será alterada.

3. A ligação deve ser efectuada de forma adequada.

Procedimento para a instalação existente

1. A ligação do circuito de acordo com o diagrama do circuito.

2. A partir de um sistema P-V que inclui módulos fotovoltaicos, amperímetro, voltímetro e resistência variável.

3.   O potenciómetro funciona como carga variável.

4.   Quando a carga nos módulos está a variar por potenciómetro, as correntes e a tensão dos módulos são carregadas. O que altera os pontos de funcionamento das caraterísticas I-V e P-V.

5.   Efetuar o primeiro conjunto de leituras de temperatura, radiação, correntes e tensão dos módulos fotovoltaicos.

6.   Agora, altere a temperatura e a radiação.

7.   Repetir o mesmo procedimento no passo 4.

8.   Desenhar o I-V e o P-V para os diferentes níveis de radiação e temperatura.

Diagrama de circuito para painéis solares ligados em série

O diagrama de circuito para a ligação em série de uma célula FV é apresentado na Figura 10. Para estudar as caraterísticas do sistema de treino FV Ecosense, ligar dois painéis FV em série e esta combinação em série com um amperímetro e em paralelo com um voltímetro. A carga no painel FV é uma carga resistiva que é um potenciómetro.

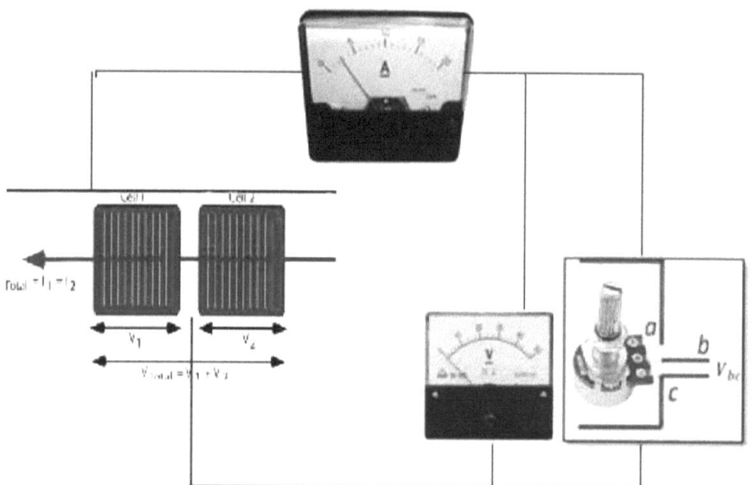

Figura 10. Diagrama de circuito para as caraterísticas dos módulos FV ligados em série Ligação da placa de controlo aos módulos em série:-

A partir da Figura 11, os painéis estão ligados em série e são ligados a um amperímetro (corrente do módulo) em série e a um voltímetro (tensão do módulo) em paralelo através de um POT que actua como uma carga resistiva.

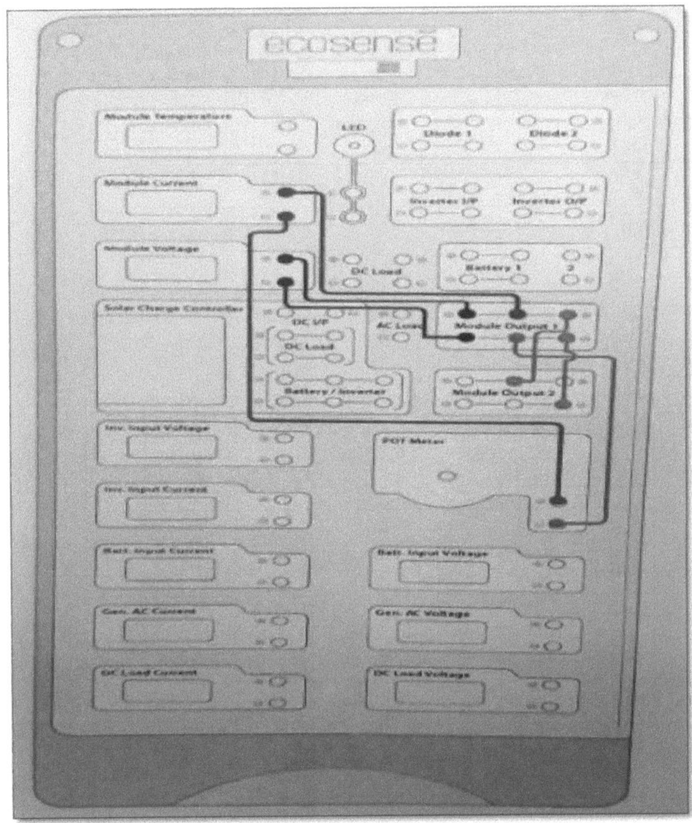

Figura 11. Diagrama de ligação do painel de controlo para painéis FV ligados em série Resultados para módulos FV ligados em série a partir da configuração existente:

Os resultados do sistema solar fotovoltaico Ecosense estão registados na Tabela 5 e 6 e o gráfico correspondente está representado na Figura 12.

Tabela 5. Caraterísticas P-V do painel solar fotovoltaico Ecosense em ligação em série

Radiação	Temperatura (deg Celcius)	Tensão (V)	Corrente (A)	Potência (W)
64.5	32.4	0.3	0.01	0.003
64.5	32.4	1.4	0.01	0.014
64.5	32.4	2.6	0.01	0.026
64.5	32.4	3.2	0.01	0.032
64.5	32.4	4.6	0.01	0.048

Tabela 6.1-V Caraterísticas do <u>painel</u> solar fotovoltaico Ecosense <u>em ligação em série</u>

Radiação	Temperatura (deg Celcius)	Tensão ( )^V	Atual ( )^A	Potência (W
124	32.4	3.2	0.02	0.064
124	32.4	5.7	0.02	0.114
124	32.4	6.7	0.02	0.134
124	32.4	7.5	0.02	0.15
124	32.4	7.7	0.02	0.154

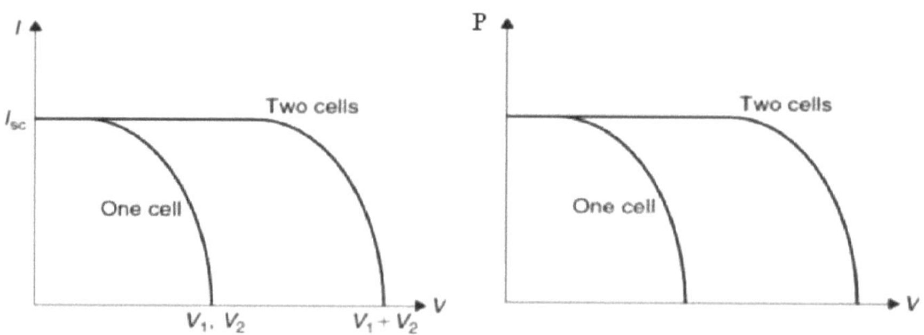

Figura 12. Saída para módulos FV ligados em série utilizando o sistema existente - VI & caraterísticas FV

Determinação das caraterísticas PV e VI utilizando RNA para painéis solares ligados em série

O diagrama de blocos para utilizar a RNA na identificação das caraterísticas dos painéis FV ligados em série é apresentado na Figura 13.

- Utilizar os dados registados para treinar a RNA de avanço

- O algoritmo de retropropagação resiliente é utilizado para treinar a RNA.

- Selecionar uma arquitetura de rede adequada

- O desafio consiste em fixar o número de nós na camada oculta

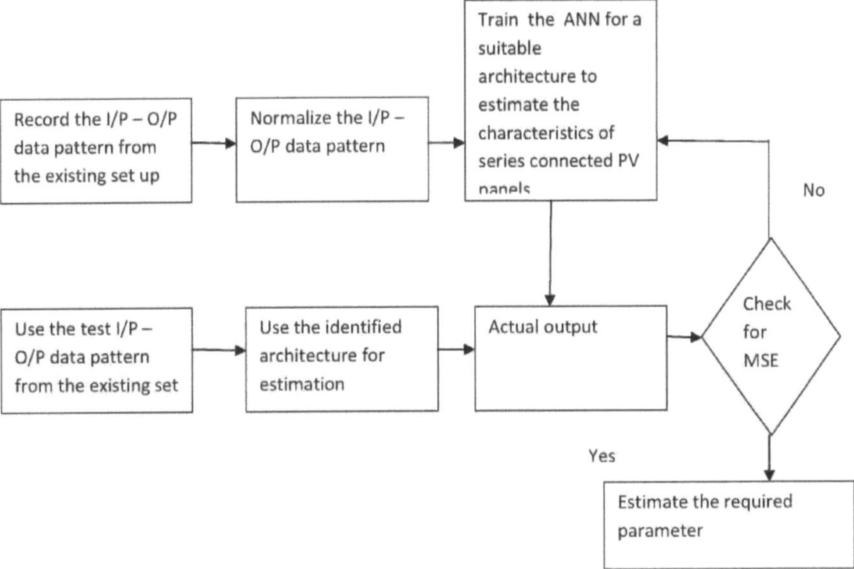

Figure 13. Fluxograma para treinar a RNA

Resultados para módulos fotovoltaicos ligados em série utilizando RNA:

Os resultados do sistema solar fotovoltaico Ecosense utilizando RNA são discutidos aqui. As figuras 14, 15, 16 e 17 mostram as caraterísticas dos painéis fotovoltaicos ligados em série. Os parâmetros de treino estão listados nas Tabelas 7 e 8, respetivamente.

```
>> p = [0.42 0.114 0.134 0.15 0.154; 0.02 0.021 0.022 0.023 0.024];
t = [0.064 0.114 0.134 0.15 0.154];
net=newff(minmax(p),[3,1],{'tansig','purelin'},'trainrp');
net.trainParam.show = 10;
net.trainParam.epochs = 300;
net.trainParam.goal = 1e-3;
[net,tr]=train(net,p,t);
a = sim(net,p)
TRAINRP-calcgrad, Epoch 0/300, MSE 0.121297/0.001, Gradient 0.644507/1e-006
TRAINRP-calcgrad, Epoch 10/300, MSE 0.00996715/0.001, Gradient 0.0849161/1e-006
TRAINRP-calcgrad, Epoch 20/300, MSE 0.00228405/0.001, Gradient 0.022709/1e-006
TRAINRP-calcgrad, Epoch 27/300, MSE 0.000833052/0.001, Gradient 0.0131495/1e-006
TRAINRP, Performance goal met.


a =

    0.0551    0.0894    0.1771    0.1722    0.1204
```

Figure 14. Código MATLAB para treinar a RNA para identificar as caraterísticas P-V dos módulos fotovoltaicos ligados em série

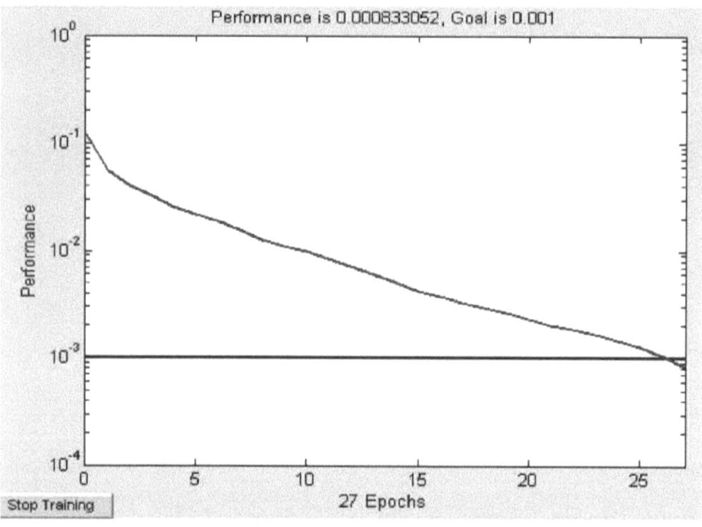

Figura. 15 RNA treinada para identificar as caraterísticas P-V do módulo FV ligado em série

```
>> p = [0.65 0.304 0.57 0.76 1; 0.01 0.011 0.012 0.013 0.014];
t = [0.064 0.114 0.134 0.15 0.154];
net=newff(minmax(p),[3,1],{'tansig','purelin'},'trainrp');
net.trainParam.show = 10;
net.trainParam.epochs = 300;
net.trainParam.goal = 1e-3;
[net,tr]=train(net,p,t);
TRAINRP-calcgrad, Epoch 0/300, MSE 3.81692/0.001, Gradient 6.53603/1e-006
TRAINRP-calcgrad, Epoch 10/300, MSE 0.0148168/0.001, Gradient 0.1627/1e-006
TRAINRP-calcgrad, Epoch 20/300, MSE 0.0041958/0.001, Gradient 0.0316548/1e-006
TRAINRP-calcgrad, Epoch 30/300, MSE 0.00226544/0.001, Gradient 0.0122124/1e-006
TRAINRP-calcgrad, Epoch 40/300, MSE 0.00163952/0.001, Gradient 0.0061174/1e-006
TRAINRP-calcgrad, Epoch 49/300, MSE 0.000983779/0.001, Gradient 0.00664183/1e-006
TRAINRP, Performance goal met.

>> a = sim(net,p)

a =

    0.0622    0.1537    0.0975    0.1147    0.1816
```

Figura 16. Código MATLAB para treinar a RNA para identificar as caraterísticas V-I dos módulos fotovoltaicos ligados em série

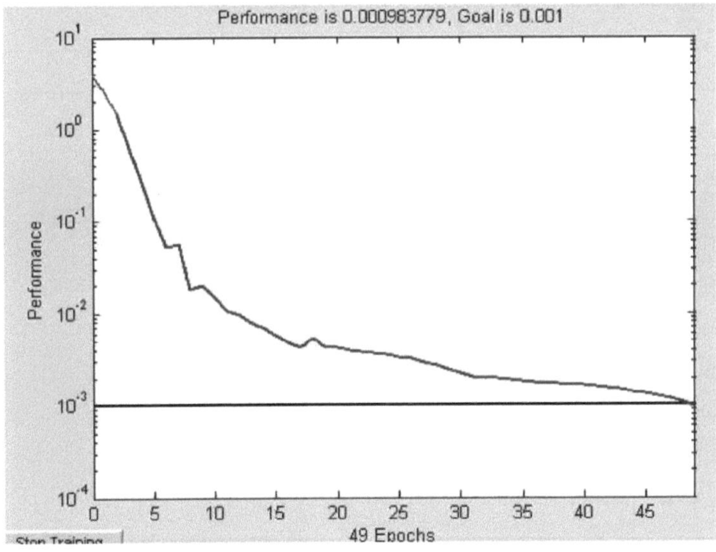

Figura 17. RNA treinada para identificar as caraterísticas P-V dos módulos fotovoltaicos ligados em série

Tabela 7. Seleção da arquitetura de rede para a identificação das caraterísticas V-I

S.N.	Parâmetros de formação	Valor adequado do parâmetro de formação
1.	N.º de nós na camada de entrada	4
2.	N.º de nós na camada de saída	1
3.	N.º de nós na camada oculta	2
4,	Função de ativação	Função sigmoide
5.	Valor MSE	0.00083
6.	N.º de iterações	27

Tabela 8. Seleção da arquitetura de rede para identificação das caraterísticas P-V

S.N.	Parâmetros de formação	Valor adequado do parâmetro de formação
1.	N.º de nós na camada de entrada	4
2.	N.º de nós na camada de saída	1
3.	N.º de nós na camada oculta	2
4,	Função de ativação	Função sigmoide
5.	Valor MSE	0.0009
6.	N.º de iterações	49

Inferência: Assim, as caraterísticas dos módulos fotovoltaicos ligados em série são verificadas utilizando a RNA.

4. Identificação de caraterísticas de módulos fotovoltaicos ligados em paralelo

utilizando RNA

Objetivo

Determinar as caraterísticas I-V e P-V de módulos PV ligados em paralelo com radiação variável do nível de temperatura.

Aparelhos necessários:-

1. Módulos P-V

2. Resistências variáveis (carga)

3. Amperímetro

4. Voltímetro

5. Lâmpada

6. Ligação de fios

7. MATLAB

Precaução:

1. A leitura de um conjunto deve ser efectuada no prazo de 1 a 2 minutos, caso contrário a temperatura dos módulos pode variar em função da radiação da fonte utilizada, como a lâmpada de halogéneo.

2. A posição da lâmpada de halogéneo não deve ser alterada durante um jogo, caso contrário a radiação dos módulos será alterada.

A ligação deve ser efectuada de forma adequada.

Procedimento:

1. A ligação do circuito de acordo com o diagrama do circuito.

2. De um sistema P-V que inclui módulos fotovoltaicos ligados em paralelo,

amperímetro, voltímetro e resistência variável.

3.   O potenciómetro funciona como carga variável.

4.   Quando a carga nos módulos está a variar por potenciómetro, as correntes e a tensão dos módulos são carregadas. O que altera os pontos de funcionamento das caraterísticas I-V e P-V.

5.   Efetuar o primeiro conjunto de leituras de temperatura, radiação, correntes e tensão dos módulos fotovoltaicos.

6.   Agora, altere a temperatura e a radiação.

7.   Repetir o mesmo procedimento no passo 4.

8.   Desenhar o I-V e o P-V para os diferentes níveis de radiação e temperatura.

Diagrama de circuito:

O diagrama de circuito para a ligação em paralelo de uma célula FV é mostrado na Figura 18. Para estudar as caraterísticas do sistema de treino FV Ecosense, ligar dois painéis FV em paralelo e esta combinação em série com um amperímetro e em paralelo com um voltímetro. A carga no painel FV é uma carga resistiva que é um potenciómetro.

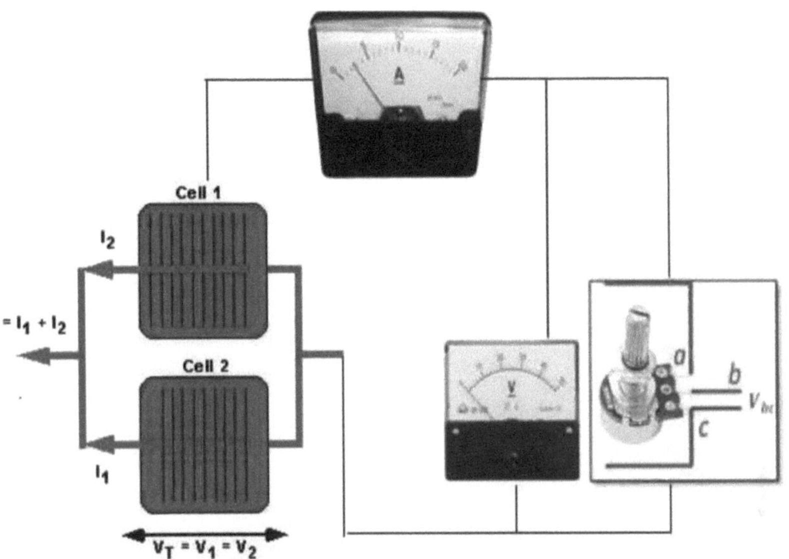

Figura 18.1 - Caraterísticas V e P-V dos módulos ligados em paralelo

Módulos de série de ligação da placa de controlo:

A partir da Figura 19, os painéis estão ligados em paralelo e são ligados com um amperímetro (corrente do módulo) em série e um voltímetro (tensão do módulo) em paralelo através de um POT que actua como uma carga resistiva.

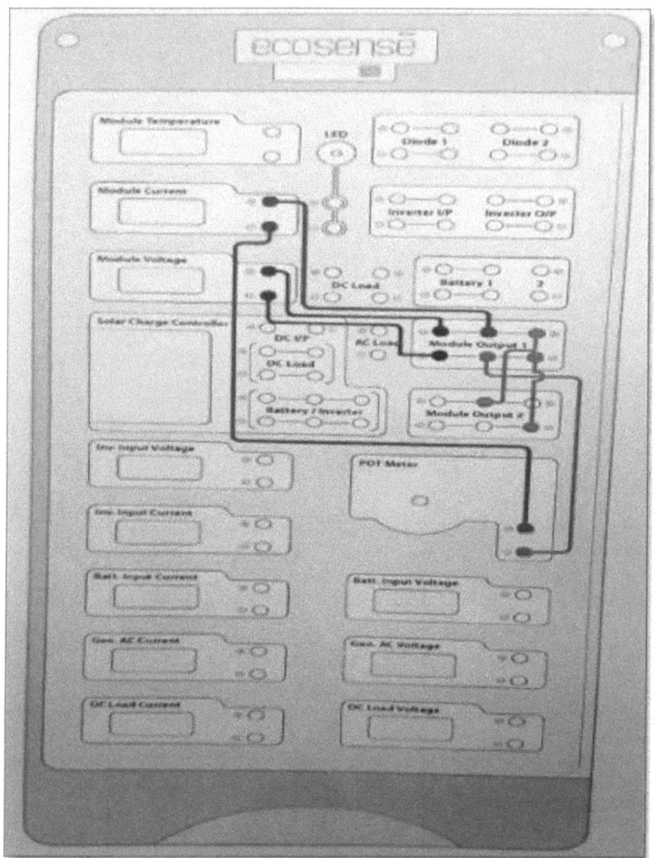

Figura 19. Diagrama de ligação do painel de controlo para painéis FV ligados em paralelo Resultados para módulos FV ligados em paralelo a partir da configuração existente:

Os resultados do sistema solar fotovoltaico **Ecosense** ligado em paralelo estão registados na Tabela 9 e 10 e o gráfico correspondente está representado na Figura 20.

Tabela 9. Caraterísticas P-V do painel solar fotovoltaico Ecosense em ligação paralela

Radiação	Temperatur a (graus Celsius)	Tensão(V)	Curren t(A)	Potência (W)
10	30.2	0.5	0.01	0.005
10	30.2	1	0.01	0.01
10	30.2	1.5	0.01	0.15
10	30.2	2	0.01	0.02
10	30.2	2.5	0.01	0.25

Tabela 10.1-V Caraterísticas do painel solar fotovoltaico Ecosense em ligação paralela

Radiação	Temperatur a (graus Celsius)	Tensão(V)	Curren t(A)	Potência (W)
20	30.2	0.5	0.02	0.01
20	30.2	1	0.02	0.02
20	30.2	1.5	0.02	0.03
20	30.2	2	0.02	0.04
20	30.2	2.5	0.02	0.05

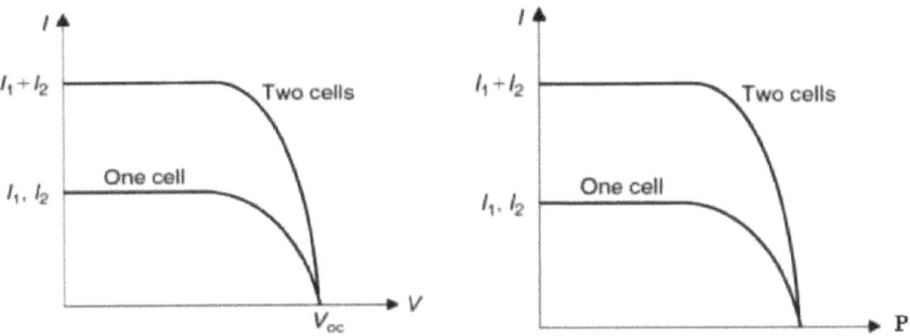

Figura 20. Saída para módulos FV ligados em paralelo utilizando o sistema existente - VI e caraterísticas FV

Determinação das caraterísticas PV e VI utilizando RNA para painéis solares ligados em paralelo

Módulos fotovoltaicos ligados em paralelo utilizando RNA:

O diagrama de blocos para utilizar a RNA na identificação das caraterísticas dos painéis FV ligados em paralelo é apresentado na Figura 21.

- Utilizar os dados registados para treinar a RNA de avanço

- O algoritmo de retropropagação resiliente é utilizado para treinar a RNA.

- Selecionar uma arquitetura de rede adequada

- O desafio consiste em fixar o número de nós na camada oculta

Os resultados do sistema solar fotovoltaico Ecosense utilizando RNA são discutidos aqui. As figuras 22, 23, 24 e 25 mostram as caraterísticas dos painéis fotovoltaicos ligados em paralelo. Os parâmetros de treino estão listados nas Tabelas 12 e 13, respetivamente.

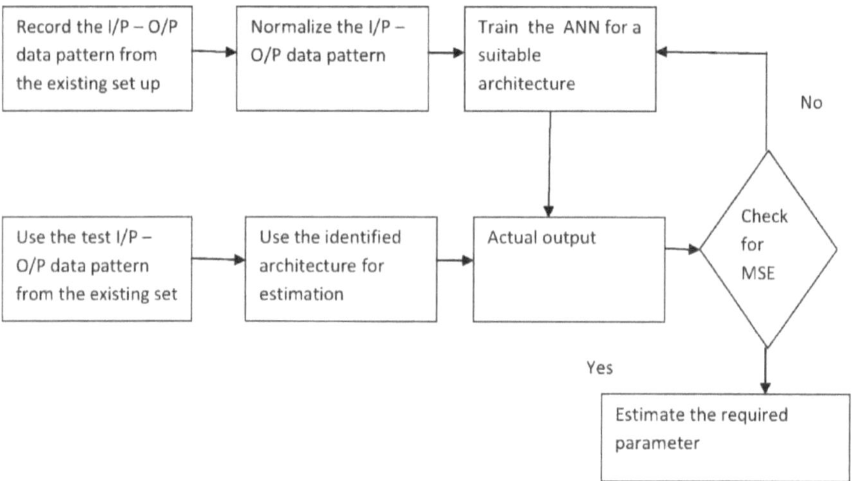

Figura 21. Fluxograma para treinar a RNA - módulos fotovoltaicos ligados em paralelo

Resultados para módulos fotovoltaicos ligados em paralelo utilizando RNA:

```
>> p = [0.2 0.4 0.6 0.8 1; 0.01 0.011 0.012 0.013 0.014];
t = [0.005 0.01 0.15 0.02 0.25];
net=newff(minmax(p),[3,1],{'tansig','purelin'},'trainrp');
net.trainParam.show = 10;
net.trainParam.epochs = 300;
net.trainParam.goal = 1e-2;
[net,tr]=train(net,p,t);
a = sim(net,p)
TRAINRP-calcgrad, Epoch 0/300, MSE 0.176735/0.01, Gradient 0.538957/1e-006
TRAINRP-calcgrad, Epoch 10/300, MSE 0.022498/0.01, Gradient 0.0970164/1e-006
TRAINRP-calcgrad, Epoch 13/300, MSE 0.00965099/0.01, Gradient 0.0780121/1e-006
TRAINRP, Performance goal met.


a =

   -0.0638    0.1504    0.0293    0.0490    0.1583
```

Figura 22. Código MATLAB para painéis solares ligados em paralelo - caraterísticas VI

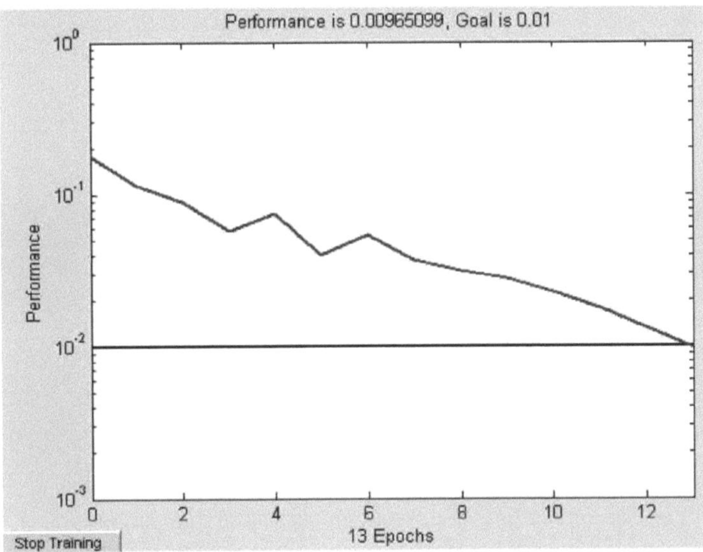

Figure 23. Saída de treino para caraterísticas VI de painéis fotovoltaicos ligados em paralelo

```
>> p = [0.2 0.4 0.6 0.8 1; 0.02 0.021 0.022 0.023 0.024];
t = [0.01 0.02 0.03 0.04 0.05];
net=newff(minmax(p),[3,1],{'tansig','purelin'},'trainrp');
net.trainParam.show = 10;
net.trainParam.epochs = 300;
net.trainParam.goal = 1e-3;
[net,tr]=train(net,p,t);
TRAINRP-calcgrad, Epoch 0/300, MSE 0.309015/0.001, Gradient 1.30441/1e-006
TRAINRP-calcgrad, Epoch 10/300, MSE 0.00354695/0.001, Gradient 0.0502212/1e-006
TRAINRP-calcgrad, Epoch 14/300, MSE 0.00046918/0.001, Gradient 0.00545958/1e-006
TRAINRP, Performance goal met.

>> a = sim(net,p)

a =

   0.0120    0.0128    0.0196    0.0790    0.0243
```

Figure 24. Código MATLAB painéis fotovoltaicos ligados em paralelo - caraterísticas fotovoltaicas

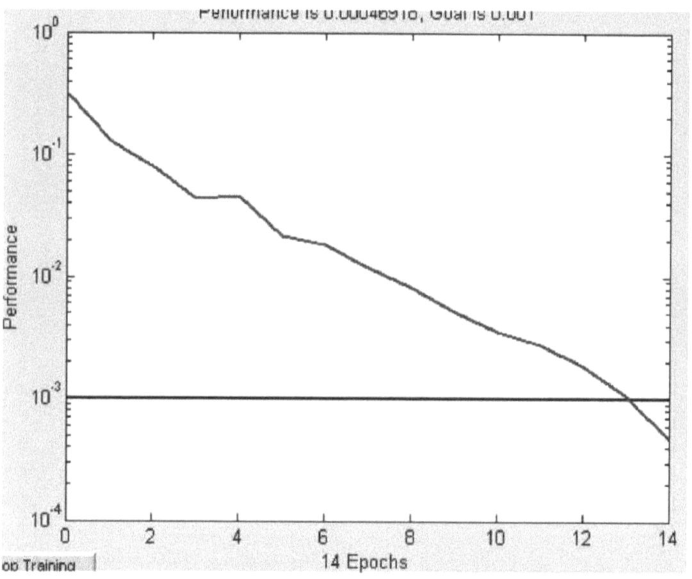

Figura 25. Treino da RNA para caraterísticas FV de painéis FV ligados em paralelo

Tabela 12. Seleção da arquitetura de rede para identificação das caraterísticas V-I

S.N.	Parâmetros de formação	Valor adequado do parâmetro de formação
1.	N.º de nós na camada de entrada	4
2.	N.º de nós na camada de saída	1
3.	N.º de nós na camada oculta	2
4,	Função de ativação	Função sigmoide
5.	Valor MSE	0.009
6.	N.º de iterações	13

Tabela 13. Seleção da arquitetura de rede para identificação das caraterísticas P-V

S.N.	Parâmetros de formação	Valor adequado do parâmetro de formação
1.	N.º de nós na camada de entrada	4
2.	N.º de nós na camada de saída	1
3.	N.º de nós na camada oculta	2
4,	Função de ativação	Função sigmoide
5.	Valor MSE	0.004
6.	N.º de iterações	14

Inferência:

Assim, as caraterísticas dos módulos fotovoltaicos ligados em paralelo com a variação da radiação do nível de temperatura foram verificadas utilizando a configuração existente e a RNA para a qual os gráficos são traçados.

5. Introdução ao sistema de formação sobre energia eólica

O sistema de formação em energia eólica é um modelo em pequena escala de uma central eléctrica de turbina eólica real. Este sistema fornece aos estudantes e investigadores um modelo eficaz e configurável de uma turbina eólica. Este sistema permite uma abordagem iminente dos vários mecanismos individuais e dos resultados da deslocação dos pontos de funcionamento de qualquer turbina eólica definida em termos de velocidade do vento e de ângulo de inclinação. Os investigadores e os estudantes podem adquirir conhecimentos sobre conceitos como a caraterística I-V, a velocidade de corte, a velocidade de entrada, etc. O sistema de formação sobre turbinas eólicas oferecido pelo ECOSENSE é apresentado na Figura 26 (a).

Figura 26(a). Sistema de treino de energia eólica Ecosense

6. Estimativa da velocidade de entrada e de arranque de uma turbina eólica utilizando uma RNA

Objetivo

Avaliar a eficiência da velocidade de corte e da velocidade de arranque da turbina eólica experimentalmente a partir da configuração existente, bem como utilizando a RNA.

Aparelhos necessários:-

1. Anemómetro
2. Tacómetro
3. Amplificador de potência
4. Bateria
5. DCarregar
6. Inversor
7. Candeeiros
8. Cabos de ligação
9. MATLAB

Fórmula:-

1. Potência da bateria = Corrente da bateria * Tensão da bateria
2. Potência da carga CC = Corrente da carga CC * Tensão da carga CC
3. Potência CC à saída do controlador de carga = Potência da bateria + Potência da carga CC
4. Potência gerada pela turbina eólica = Potência de carga DC * Eficiência do controlador de carga.

Velocidade de arranque: Esta é a velocidade do vento à qual o rotor começa a rodar.

Deve rodar suave e facilmente quando o rodamos com a mão, e continuar a rodar durante alguns segundos. As concepções que "engrenam" devido à força magnética ou que utilizam engrenagens ou polias para aumentar a velocidade do veio serão fracas no arranque. Um bom projeto pode começar a girar com ventos de 5 mph e cortar a 7 **mph**.

Velocidade de corte: Um gerador eólico não começa a enviar energia para o banco de baterias até que a tensão do gerador ou do alternador seja superior à tensão do banco de baterias. Uma velocidade de eixo mais elevada significa uma tensão mais elevada em todos os geradores e alternadores, e a velocidade de eixo mais elevada possível em ventos fracos sem sacrificar o desempenho de ventos fortes. A maior parte dos geradores eólicos comerciais atinge a velocidade de 8-12 mph. O desempenho da tensão a baixa velocidade do gerador, a conceção do rotor (as pás e o cubo) e o **comportamento** do vento são factores que influenciam o local onde ocorrerá o corte.

Diagrama de blocos

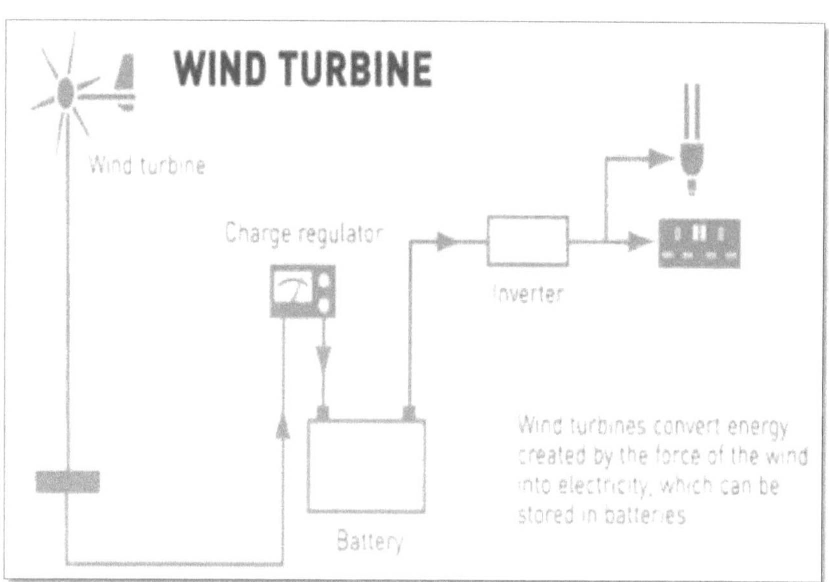

Figura 26 (b). Diagrama de blocos do sistema de formação em energia eólica

Esquema de circuitos:-

Procedimento:-

1. O anemómetro e o tacómetro serão colocados na posição correta ligados.

2. As leituras serão anotadas com diferentes medidores.

3. A velocidade do vento e as rotações do veio correspondem ao início da rotação do veio da turbina e à produção de energia.

4. Estas velocidades do vento são designadas por velocidade de arranque e velocidade de corte.

Resultados para a determinação da velocidade de arranque e da velocidade de corte a partir da configuração existente para uma turbina eólica

Tabela 14. Velocidade de arranque do rotor da turbina eólica

Velocidade de arranque em m/s	Estado do rotor da turbina eólica
0.5	0
1	0
1.5	0
2	0
2.5	0
3	0
3.2	1

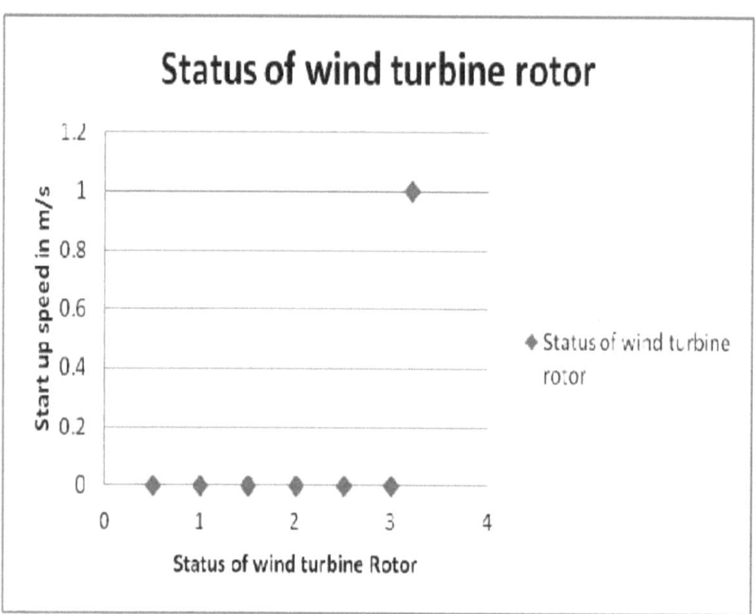

Figura 27. Gráfico da velocidade de arranque do rotor da turbina eólica

Determinação da velocidade do vento de arranque utilizando RNA:

O diagrama de blocos utilizado pela RNA na identificação da velocidade de arranque ECOSENSE do sistema de treino da turbina eólica é apresentado na Figura 26(b) e 27, respetivamente.

- Utilizar os dados registados no quadro 14 para treinar a RNA de avanço

- O algoritmo **de retropropagação** resiliente é utilizado para treinar a RNA.

- Selecionar uma arquitetura de rede adequada

- O desafio consiste em fixar o número de nós na camada oculta

O diagrama de blocos para treinar a RNA é apresentado na Figura 28. Os resultados do sistema de treino da turbina eólica Ecosense utilizando a RNA são discutidos aqui. As figuras 29 e 30 mostram o modelo da RNA para obter a velocidade de arranque dos sistemas de treino de energia eólica. Os parâmetros de treino são apresentados na Tabela 15.

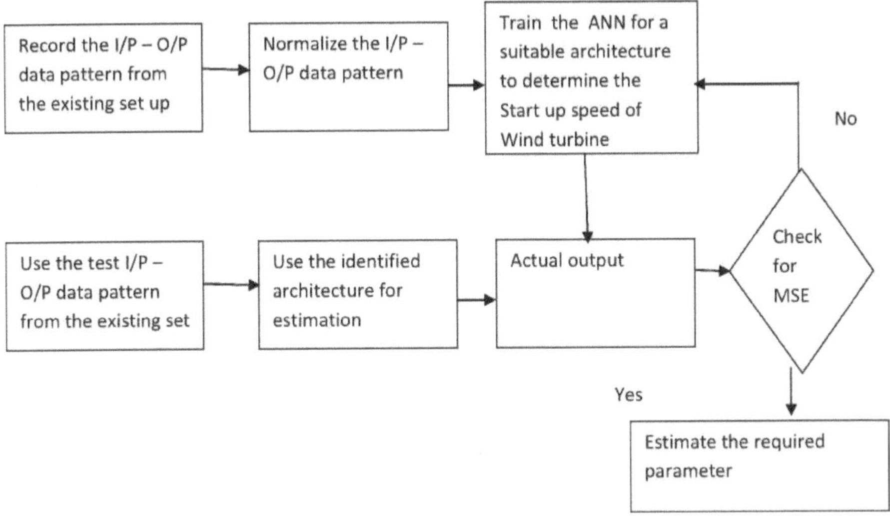

Figura 28. Fluxograma para treinar a RNA para identificar a velocidade de arranque da turbina eólica

Resultados da determinação da velocidade de arranque e da velocidade de corte utilizando RNA para uma turbina eólica

```
>> p = [0.16 0.31 0.47 0.63 1];
t = [0 0 0 0 1];
net=newff(minmax(p),[3,1],('tansig','purelin'),'trainrp');
net.trainParam.show = 10;
net.trainParam.epochs = 300;
net.trainParam.goal = 1e-4;
[net,tr]=train(net,p,t);
TRAINRP-calcgrad, Epoch 0/300, MSE 1.46963/0.0001, Gradient 3.18623/1e-006
TRAINRP-calcgrad, Epoch 10/300, MSE 0.0864705/0.0001, Gradient 0.281325/1e-006
TRAINRP-calcgrad, Epoch 20/300, MSE 0.000824312/0.0001, Gradient 0.0423341/1e-006
TRAINRP-calcgrad, Epoch 30/300, MSE 0.000108374/0.0001, Gradient 0.00872791/1e-006
TRAINRP-calcgrad, Epoch 31/300, MSE 9.03059e-005/0.0001, Gradient 0.00602688/1e-006
TRAINRP, Performance goal met.

>> a = sim(net,p)

a =

   -0.0065   -0.0064   -0.0053    0.0167    0.9921
```

Figura 29. Código MATLAB para a determinação da velocidade de arranque do

sistema de treino de turbinas eólicas

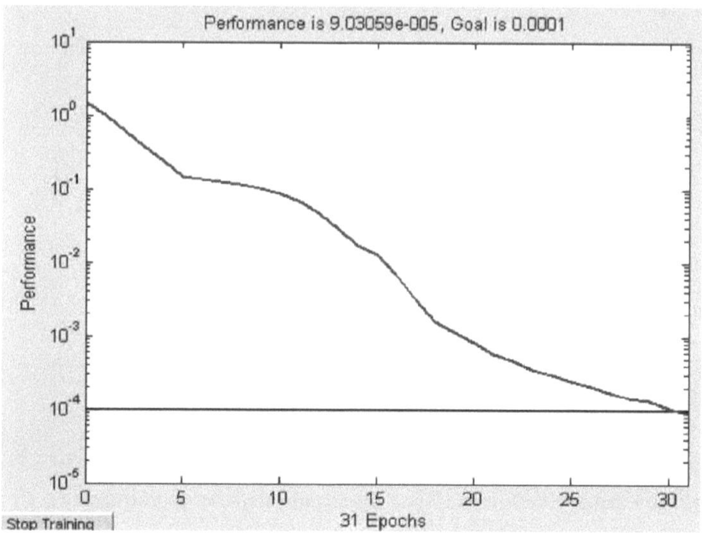

Figura 30. RNA para identificação da velocidade de arranque do sistema de treino da turbina eólica

Tabela 15. Seleção da arquitetura de rede para identificação da velocidade do vento no arranque do sistema de treino de turbinas eólicas

S.N.	Parâmetros de formação	Valor adequado do parâmetro de formação
1.	N.º de nós na camada de entrada	2
2.	N.º de nós na camada de saída	1
3.	N.º de nós na camada oculta	1
4,	Função de ativação	Função sigmoide
5.	Valor MSE	0.000089
6.	N.º de iterações	31

Inferência:

Assim, a eficiência da velocidade de corte e da velocidade de arranque é a seguinte

Velocidade de arranque = 3,2 m/s

Velocidade de corte =4 ,2 m/s

38

7. Avaliação da eficiência do controlador de carga de uma turbina eólica utilizando RNA

Objetivo:

Avaliar a eficiência de um controlador de carga num sistema de treino de turbinas eólicas utilizando a configuração tradicional e a RNA.

Aparelho necessário:

1. Anemómetro

2. Tacómetro

3. Amplificador de potência

4. Bateria

5. DCarregar

6. Inversor

7. Candeeiros

8. Cabos de ligação

9. MATLAB

Fórmula:

1. Potência da bateria = Corrente da bateria * Tensão da bateria

2. Potência da carga CC = Corrente da carga CC * Tensão da carga CC

3. Potência CC à saída do controlador de carga = Potência da bateria + Potência da carga CC

4. Potência gerada pela turbina eólica = Potência de carga DC * Eficiência do controlador de carga.

5. Potência da turbina = $\sqrt{3}$ * V* I* Cos0

Procedimento:

1. O anemómetro e o tacómetro serão colocados na posição correta e ligados.

2. Esta experiência pode ser efectuada de duas maneiras.

3. Carga a funcionar apenas com a bateria.

4. Carga em funcionamento com carga de bateria e turbina eólica.

5. As leituras serão anotadas com diferentes medidores.

6. A velocidade do vento e as rotações do veio correspondem ao arranque da rotação do veio da turbina e à produção de energia.

7. Estas velocidades do vento são designadas por velocidade de arranque e velocidade de corte e também calculam a eficiência do controlador de carga.

Resultado do atual sistema

Os resultados do Sistema de Treino de Turbinas Eólicas Ecosense estão registados na Tabela

15 e 16, o gráfico correspondente é apresentado nas figuras 31 e 32, respetivamente.

Tabela 15. Parâmetros da bateria Vs carga DC Parâmetros

Corrente da bateria (A)	Tensão da bateria (V)	Potência da bateria (W)	Corrente de carga DC (A)	Tensão de carga DC (V)	Potência de carga DC (W)	% Eficiência
0.09	12.12	1.05	0.01	12.12	0.12	11.43
2.38	11.91	28.322	2.29	11.8	27.022	95.4
4.55	11.7	53.235	4.5	11.5	51.75	97.2
6.65	11.55	76.8075	6.6	11.2	73.92	96.1
8.7	11.35	98.745	8.7	11	95.7	97

Tabela 16. Eficiência da turbina Vs Eficiência da carga DC

Corrente da turbina (A)	Tensão da turbina (V)	P.f	Turbina potência (W)	Eficiência da turbina (%° /)	Corrente da bateria (A)	Tensão da bateria (V)	Alimentação da bateria	Carga DC Atual (A)	Tensão de carga DC (V)	Potência de carga DC (W)	Potência I/P total (W)
0.3	11.6	0.9	5.424624	222	2	12.3	24.6	0.01	12.5	0.125	24.725

1.5	6.7	0.8	13.92528	744.7	0.8	12.3	9.84	2.37	12.4	29.388	39.228
3.1	11.6	0.9	56.054448	777.8	1.3	12.2	15.86	4.67	12.2	56.974	72.774
4.9	12.01	0.3	30.55248	833.4	0.8	11.8	9.44	6.9	6.9	47.61	57.04

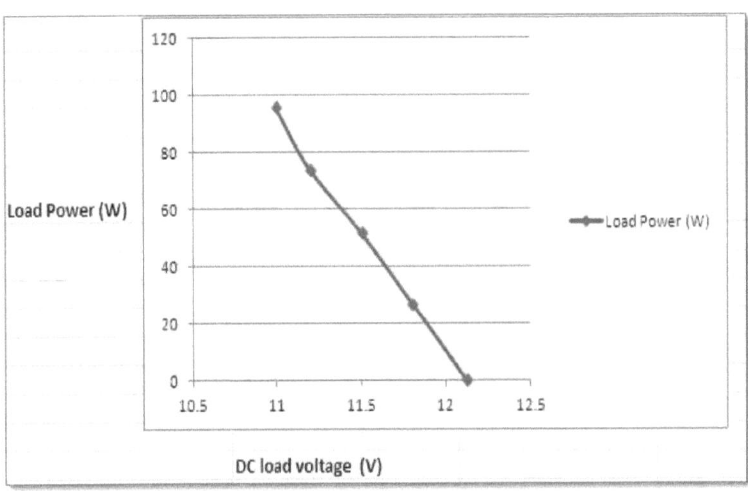

Figura 31. Potência de carga Vs tensão de carga DC

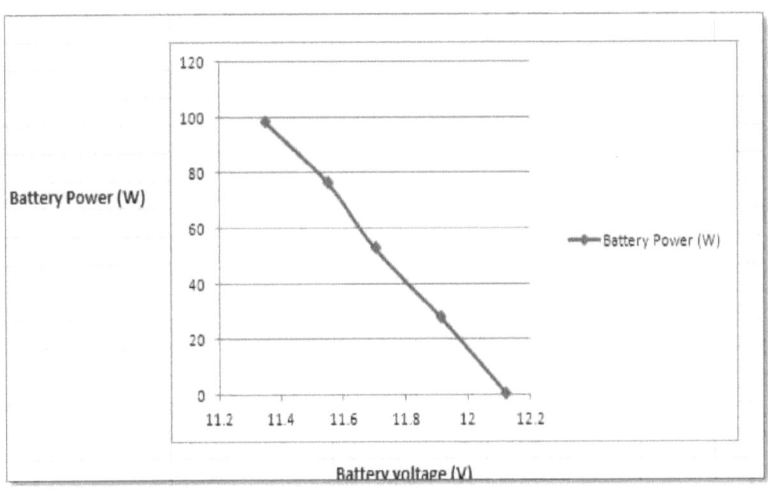

Figura 32. Potência da bateria Vs Tensão da bateria

Determinação da potência da bateria de uma turbina eólica usando RNA:

O diagrama de blocos para utilizar a RNA na identificação da potência da bateria do sistema de treino da turbina eólica é apresentado na Figura 33.

- Utilizar os dados registados para treinar a RNA de avanço

- O algoritmo **de retropropagação** resiliente é utilizado para treinar a RNA.

- Selecionar uma arquitetura de rede adequada

- O desafio consiste em fixar o número de nós na camada oculta

Os resultados da potência da bateria para o sistema de treino da turbina eólica Ecosense utilizando RNA são discutidos aqui. As figuras 33 e 34 mostram a potência da bateria para o sistema de treino da turbina eólica Ecosense. Os parâmetros de treino são apresentados na Tabela 17, respetivamente.

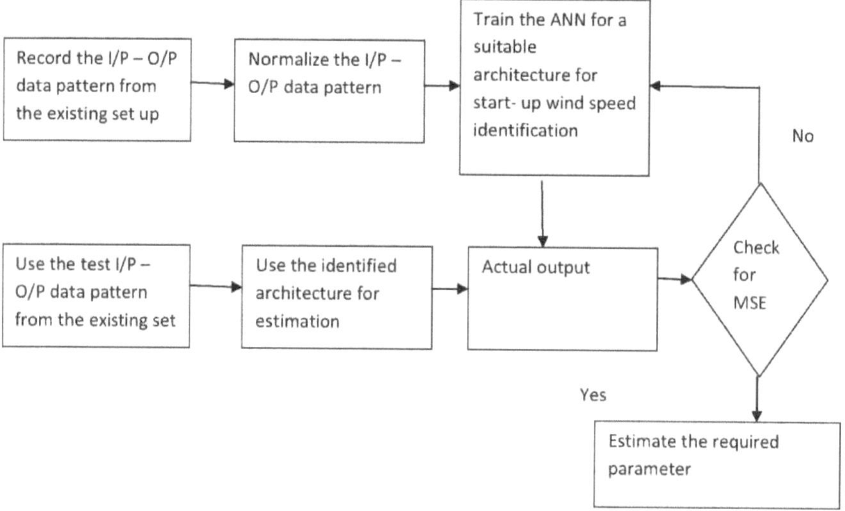

Figura 33. Identificação baseada em RNA da potência da bateria do sistema de treino da turbina eólica

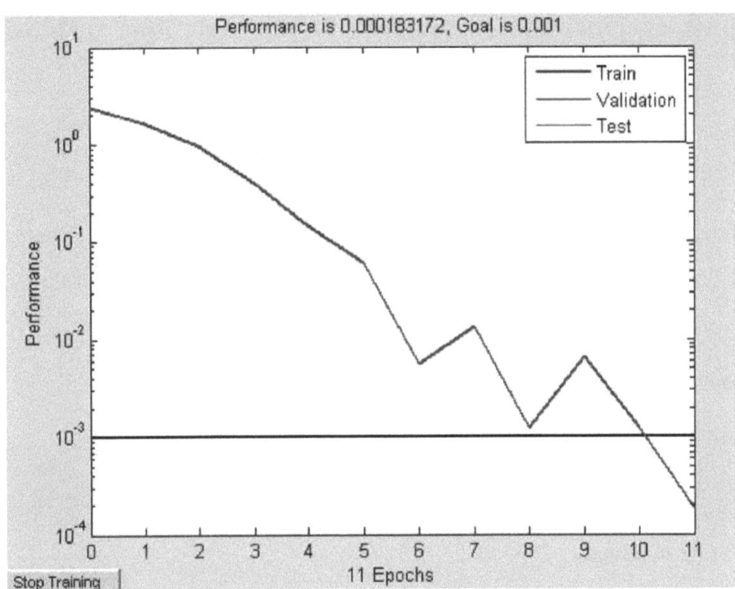

Figura 34. Fluxograma para treinar a RNA

Tabela 17. Seleção da arquitetura de rede para identificação da potência da bateria para o sistema de treino de turbinas eólicas

S.N.	Parâmetros de formação	Valor adequado do parâmetro de formação
1.	N.º de nós na camada de entrada	4
2.	N.º de nós na camada de saída	1
3.	N.º de nós na camada oculta	2
4,	Função de ativação	Função sigmoide
5.	Valor MSE	0.00018
6.	N.º de iterações	11

Inferência: Assim, a eficiência do controlador de carga é a seguinte

Eficiência da bateria e da turbina eólica = 87%.

Apenas a eficiência da carga da bateria = 42,6 % e estes resultados são verificados através da RNA.

8. Avaliação da eficiência do controlador de carga de uma turbina eólica usando ANFIS

Objetivo:

Avaliar a eficiência de um controlador de carga para o sistema de treino de turbinas eólicas Ecosense experimentalmente e também utilizando uma combinação híbrida de ANN e lógica Fuzzy.

Aparelho necessário:

1) Anemómetro

2) Tacómetro

3) Amplificador de potência

4) Bateria

5) Carga DC

6) Inversor

7) Candeeiros

8) Cabos de ligação

9) MATLAB

Fórmula:

- Potência da bateria = Corrente da bateria * Tensão da bateria

- Potência da carga CC = Corrente da carga CC * Tensão da carga CC

- Potência CC à saída do controlador de carga = Potência da bateria + Potência da carga CC

- Potência gerada pela turbina eólica = Potência de carga DC * Eficiência do controlador de carga.

- Potência da turbina = $\sqrt{3}$ * V* I* Cos0

Procedimento:

- O anemómetro e o tacómetro serão colocados na posição correta e ligados.

- Esta experiência pode ser efectuada de duas maneiras.

- Carga a funcionar apenas com a bateria.

- Carga em funcionamento com carga de bateria e turbina eólica.

- As leituras serão anotadas com diferentes medidores.

- Velocidade do vento e rpm do veio correspondentes ao arranque da rotação do veio da turbina e à produção de energia.

- Estas velocidades do vento são designadas por velocidade de arranque e velocidade de corte e também calculam a eficiência do controlador de carga.

Determinação da potência da bateria para um sistema de treino de uma turbina eólica utilizando ANFIS:

O diagrama de blocos para utilizar o ANFIS na identificação da potência da bateria do sistema de treino de turbinas eólicas é apresentado na Figura 33. Para iniciar a GUI do editor ANFIS, digite "anfis". Aparece a seguinte GUI no ecrã. A partir desta GUI é possível Carregar dados (treinamento, teste e verificação) selecionando os botões de rádio apropriados na parte Carregar dados da GUI e, em seguida, clicando em Carregar dadosOs dados carregados são plotados na região de plotagem. Gerar um modelo FIS inicial ou carregar um modelo FIS inicial usando as opções na parte Gerar FIS da GUI Visualizar a estrutura do modelo FIS depois que um FIS inicial é gerado ou carregado clicando no botão Estrutura

- Selecionar o método de otimização dos parâmetros do modelo FIS: retropropagação ou híbrido de retropropagação e mínimos quadrados (método híbrido)

- Selecionar o número de épocas de formação e a tolerância ao erro de formação

- Treine o modelo FIS clicando no botão Treinar agora

- Esta formação ajusta os parâmetros da função de afiliação e traça os gráficos de erro dos dados de formação, os gráficos de erro dos dados de verificação ou ambos na região do gráfico.

- Veja o resultado do modelo FIS em comparação com o resultado dos dados de treino, verificação ou teste, clicando no botão Test Now (Testar agora)

- Esta função plota **os** dados de teste contra a saída FIS na região do gráfico.

As Figuras 35, 36, 37 e 38 mostram como a potência da bateria do sistema de treino da turbina eólica é prevista utilizando a estrutura ANFIS.

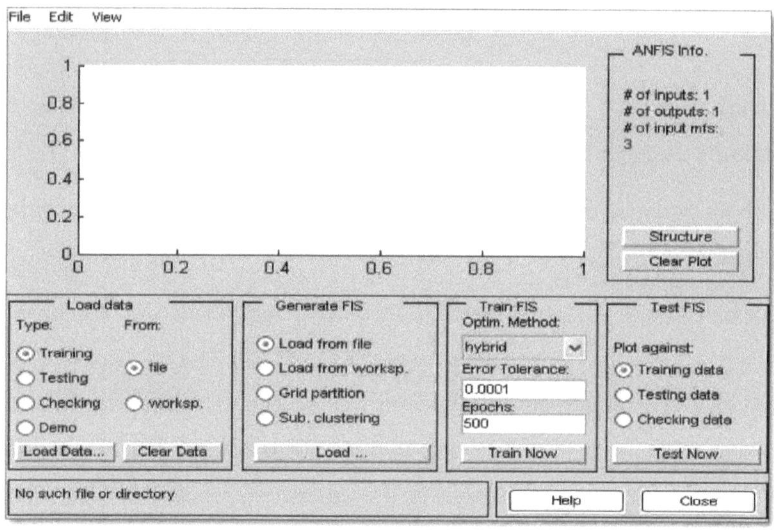

Figura 35. Editor ANFIS em MATLAB

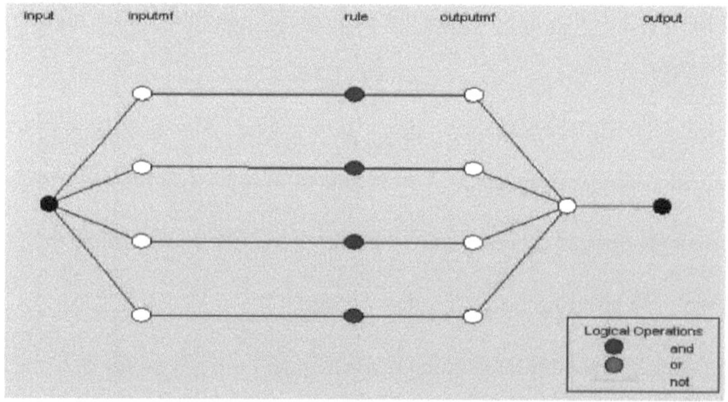

Figura 36. Rede ANFIS para a potência da bateria de um sistema de treino de uma turbina eólica

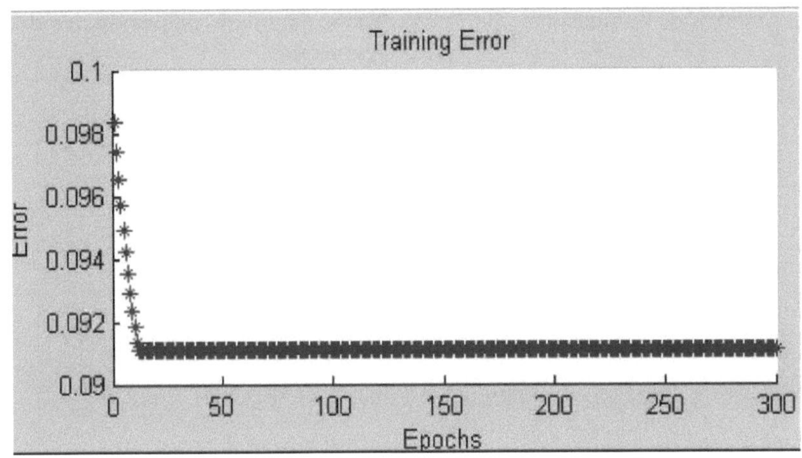

Figura 37. Treino do ANFIS para estimativa da potência de saída para um sistema de treino de uma turbina eólica

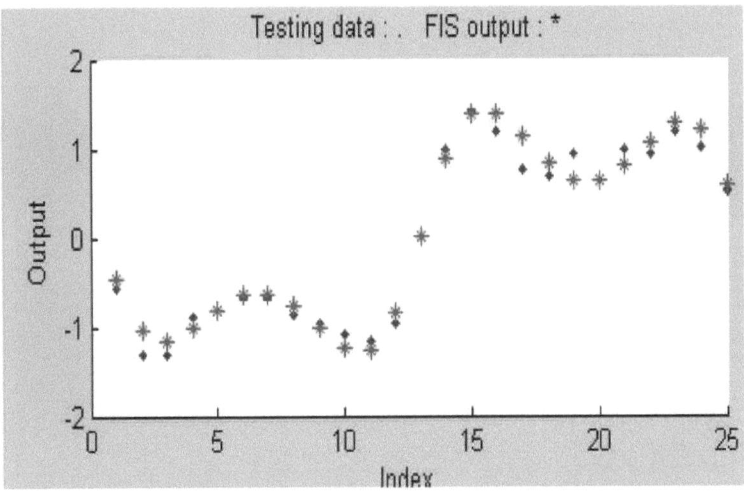

Figura 38. Teste do ANFIS para estimativa da potência de saída num sistema de treino de uma turbina eólica

Os parâmetros ANFIS relacionados são apresentados na Tabela 18.

Tabela 18. Parâmetros ANFIS para identificação da potência da bateria num sistema de treino de turbinas eólicas

S.N.	Parâmetros de formação	Valor adequado do parâmetro de formação
1.	Número total de parâmetros	20
2.	Número de pares de dados de treino	26
3.	Número de pares de dados de controlo	10
4,	Número de regras fuzzy	4
5.	Número de nós	20
6.	Número de parâmetros lineares	8
7.	Número de parâmetros não lineares	12

Inferência: Assim, a eficiência do controlador de carga é a seguinte

Eficiência da bateria e da turbina eólica = 87%.

Apenas a eficiência da carga da bateria = 42,6 % e estes resultados são verificados com o modelo ANNFIS.

9. Implementação de um controlador PID para uma estação de processo de pressão utilizando técnicas de IA

Objetivo:

Avaliar a saída da estação de processamento de pressão experimentalmente e também utilizando uma arquitetura ANN, bem como ANN híbrida e lógica difusa.

Aparelho necessário:

1) Estação de processamento de pressão

2) MATLAB

Fórmula:

Saída PID = saída do controlador PID

KP = ganho de controlo proporcional

KI = ganho de controlo integral

KD = ganho de controlo derivativo

E = erro (desvio do valor nominal)

$\Sigma(E \times Dt)$ = soma de todos os erros passados (área sob a curva erro-tempo)

Teoria:

Um controlador proporcional-integral-derivativo (controlador PID) é um mecanismo genérico de realimentação do circuito de controlo (controlador) amplamente utilizado em sistemas de controlo industrial. Um controlador PID tenta corrigir o erro entre uma variável de processo medida e um ponto de regulação desejado, calculando e emitindo uma ação corretiva que pode ajustar o processo em conformidade. A base do sistema é o controlo proporcional. A adição de controlo integral fornece um meio de eliminar o erro em estado estacionário, mas aumenta o overshoot. O controlo derivativo aumenta a estabilidade, reduzindo a tendência para a ultrapassagem. A simples adição dos três componentes de controlo necessários gera a resposta do sistema PID.

Procedimento a partir da estação de tratamento sob pressão existente

As leituras devem ser medidas para a estação de processo de pressão utilizando os seguintes passos e o resultado do mesmo é registado na Figura 39

• Ajustar o fornecimento de ar de entrada do ventilador utilizando a válvula de controlo

• Registar a pressão manométrica (psi), a tensão (V), a variável manipulada e a variável de erro para um determinado valor do ponto de regulação

• O mesmo procedimento de registo das leituras pode ser repetido utilizando vários pontos de regulação

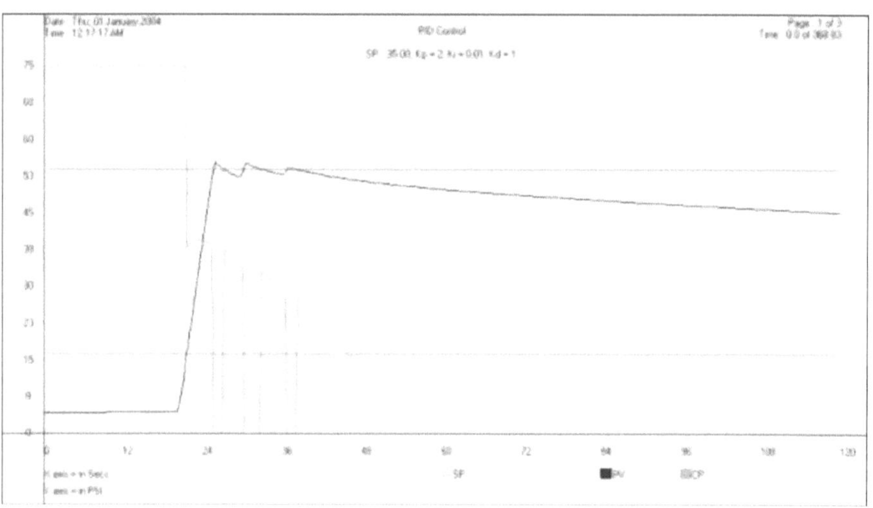

Figura 39. Determinação do débito de uma estação de tratamento de pressão - Instalação laboratorial

• Selecionar o método de otimização dos parâmetros do modelo FIS: Algoritmo de retropropagação (ABP) ou híbrido de ABP e mínimos quadrados (método híbrido)

• Selecionar o número de épocas de formação e a tolerância ao erro de formação

• Treine o modelo FIS clicando no botão Treinar agora

• Esta formação ajusta os parâmetros da função de afiliação e traça os gráficos de erro dos dados de formação, os gráficos de erro dos dados de verificação ou ambos na região do gráfico.

• Veja o resultado do modelo FIS em comparação com o resultado dos dados de treino, verificação ou teste, clicando no botão Test Now (Testar agora)

• Esta função plota os dados de teste contra a saída FIS na região do gráfico.

As Figuras 40, 41 e 42 mostram os resultados de uma estação de processamento de pressão utilizando as estruturas ANN e ANFIS.

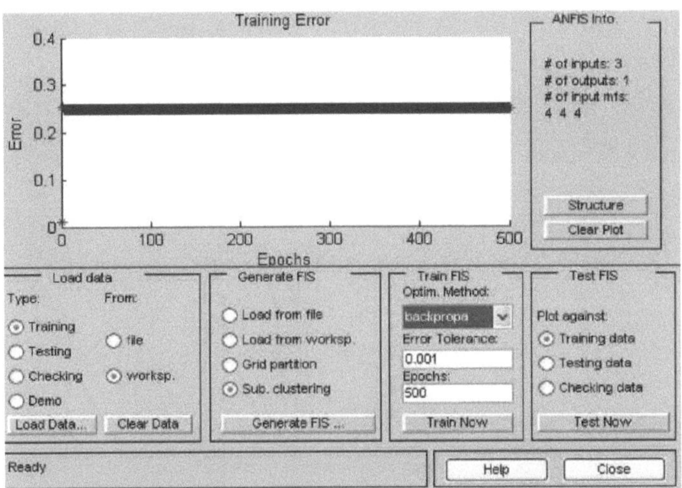

Figura 40. Determinação da saída para uma estação de processo de pressão utilizando RNA

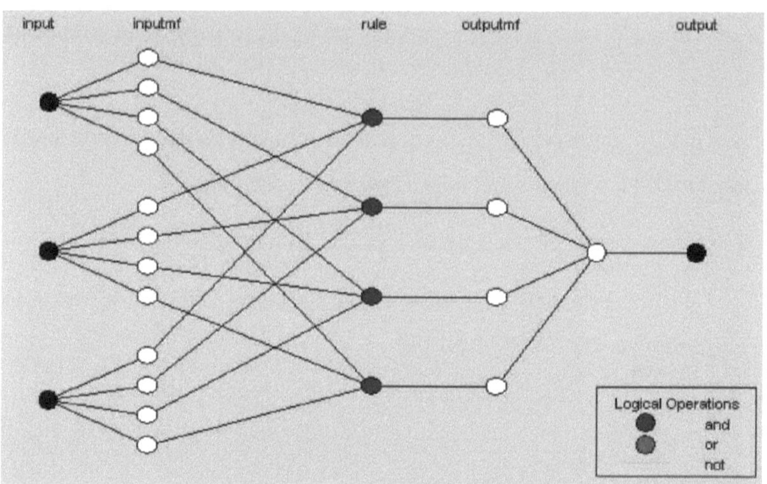

Figura 41. Arquitetura ANN para uma estação de processo sob pressão

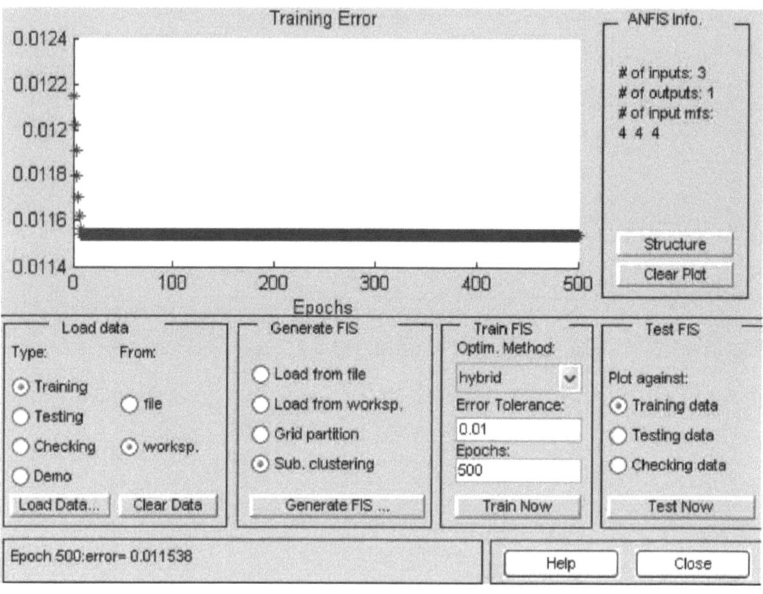

Figura 42. Determinação da saída para uma estação de processo de pressão utilizando ANFIS

Tabela 19. Parâmetros ANFIS para determinação da saída numa estação de processo de pressão

S.N.	Parâmetros de formação	Valor adequado do parâmetro de formação
1.	Número total de parâmetros	38
2.	Número de parâmetros lineares	16
3.	Número de parâmetros não lineares	24
4,	Número total de parâmetros	40
5.	Número de pares de dados de treino	14
6.	Número de regras fuzzy	4

Inferência:

Assim, a saída da estação de processamento de pressão foi avaliada experimentalmente e também utilizando uma arquitetura ANN, bem como uma ANN híbrida e uma lógica difusa

10. REFERÊNCIAS

[1]   Weisser D. A. (2003): Análise da energia eólica de Granada: uma estimativa usando a função de densidade 'Weibull'. Renewable Energy; 28: 1803-1812.

[2]   Sathyajith M, Pandey K P, Anil Kumar V. (2002): Análise de regimes de vento para estimativa de energia. Renewable Energy; 25: 381-399.

[3]   Bivona S, Burlon R. Leone Hourly (2003): Análise da velocidade do vento na Sicília. Renewable Energy; 28: 1371-1385.

[4]   Meishen Li, Xianguo Li. (2005): Função de distribuição do tipo MEP: uma melhor alternativa à função de Weibull para distribuições de velocidade do vento. Renewable Energy; 30:1221-1240.

[5]   Ramachandra TV, Shruthi BV. (2005): Mapeamento do potencial de energia eólica em Karnataka, Índia, usando GIS. Energy Conversion and Management; 46: 1561-1578.

[6]   Sujatha, K. Pappa N., Monitorização da qualidade da combustão em caldeiras PS utilizando RBF discriminante, ISA Transactions, Vol.2(7), (2011).

[7]   K. Sujatha e Dr. N. Pappa, Combustion Quality Estimation in Power Station Boilers using Median Threshold Clustering Algorithms, International Journal of Engineering Science and Technology Vol. 2(7), 2623-2631, 2010.

[8]   N.P.G. Bhavani, Dr. K. Sujatha, Soft Sensor for Temperature Measurement in Gas Turbine Power Plant, International Journal of Applied Engineering Research, pp.21305-21316, 2014.

[9]   K. Sujatha, K. Senthil Kumar, T. Godhavari, "Um modelo de serviço distribuído eficaz para a monitorização e estimativa da qualidade da combustão baseada em imagens em caldeiras de centrais eléctricas", Lecture Notes in Electrical Engineering pp 33-49, 2016.

[10]   R. Gonzalez L ' opez, L. S ' anchez e Eduardo Calvo, "Angular Frequency Analysis of Wind Turbines by means of Digital Image Processing", RECENT ADVANCES in ENERGY & ENVIRONMENT, 229-233, 2012.

[11]   K. Sujatha, N. Pappa, (2011) Monitorização da combustão de uma caldeira de tubos de água utilizando uma rede de base radial discriminante, ISA Transactions, 50, 101-110.

11. Biografia

K. Sujatha trabalha atualmente como Professora no Departamento de EEE do Instituto de Educação e Investigação Dr. M.G.R, Chennai, Tamil Nadu, Índia, e dirige o centro de investigação "Center for Electronics, Automation and Industrial Research (CEAIR)". Tem 18 anos de experiência de ensino em várias faculdades de engenharia. Concluiu a sua licenciatura em 1999 na Universidade de Bharathiyar, o mestrado em 2004 e o doutoramento em 2011 na Universidade de Anna. Totalmente ela está orientando 8 acadêmicos de pesquisa. Ela apresentou/publicou cerca de 40 artigos em conferências nacionais/internacionais/jornais e também publicou um livro intitulado "A Handbook on Artificial Neural Networks". Atualmente desenvolve a sua investigação na área do Processamento de Imagem para Controlo de Processos. Foi-lhe atribuído o prémio de Melhor Investigador para o ano académico de 2011-2012 e 2014 pelo IET. Também obteve uma bolsa de viagem do DST em 2014 para participar na conferência. Recebeu também o prémio de jovem investigadora na conferência internacional na China.

K. Senthil Kumar trabalha atualmente como Professor no Departamento de ECE do Instituto de Educação e Investigação Dr. M.G.R, Chennai, Tamil Nadu, Índia. Tem 18 anos de experiência de ensino. Ele completou seu BE no ano de 1999 pela Universidade de Madras, ME em 2000 e Ph.D. em 2013 pela Universidade de Jadavpur. Ele apresentou/publicou cerca de 40 artigos em conferências NationaEInternational/journals e também publicou livros. Atualmente faz a sua investigação na área do Processamento de Imagem, Instrumentação Biomédica, Algoritmos Inteligentes, Nano tecnologia e Sistemas Embarcados e orienta 8 bolseiros de doutoramento. Recebeu um prémio da Universidade pela sua excelência em investigação no ano de 2015. É também membro da ISA e da IET.

T. Muthuraja estuda atualmente **B**.Tech, EEE (Lote: 2014-2018) no Instituto de Educação e Investigação Dr. M.G.R. Completou um estágio no Metro e no TNEB. Também apresentou um artigo na conferência nacional, Controlo da poluição por processamento de imagem.

yes
I want morebooks!

Buy your books fast and straightforward online - at one of world's fastest growing online book stores! Environmentally sound due to Print-on-Demand technologies.

Buy your books online at
www.morebooks.shop

Compre os seus livros mais rápido e diretamente na internet, em uma das livrarias on-line com o maior crescimento no mundo! Produção que protege o meio ambiente através das tecnologias de impressão sob demanda.

Compre os seus livros on-line em
www.morebooks.shop

Printed by Books on Demand GmbH, Norderstedt / Germany